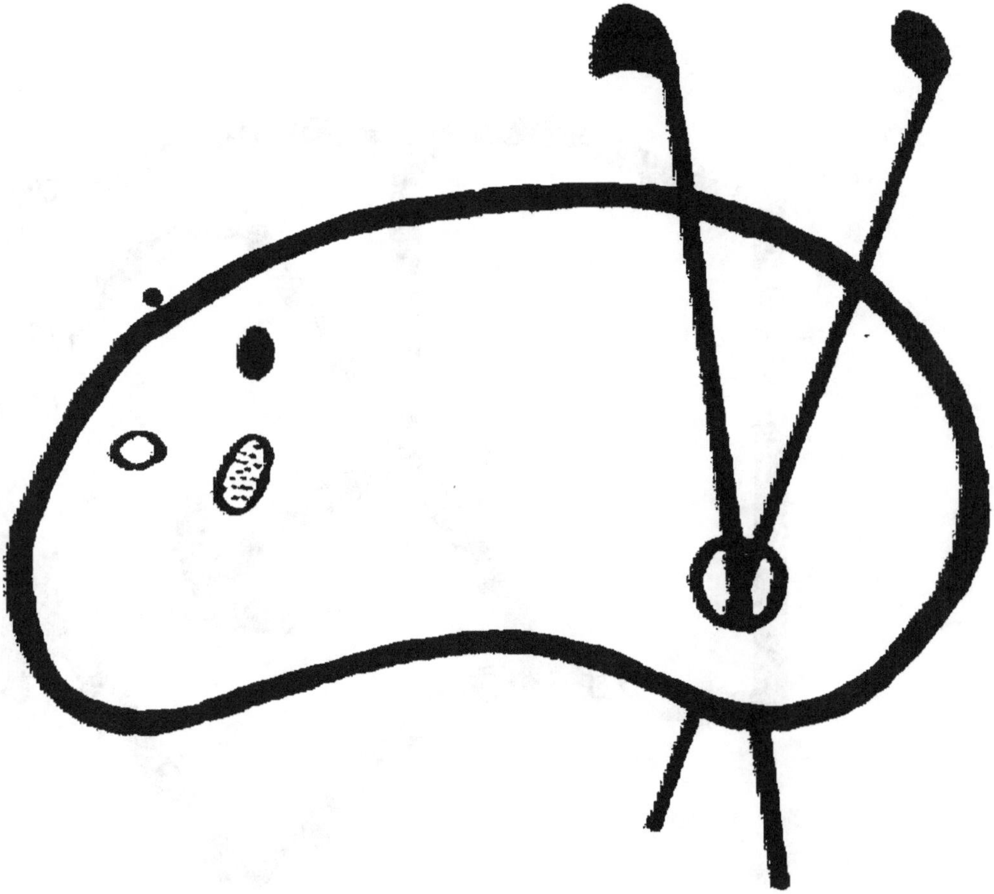

DEBUT D'UNE SERIE DE DOCUMENTS
EN COULEUR

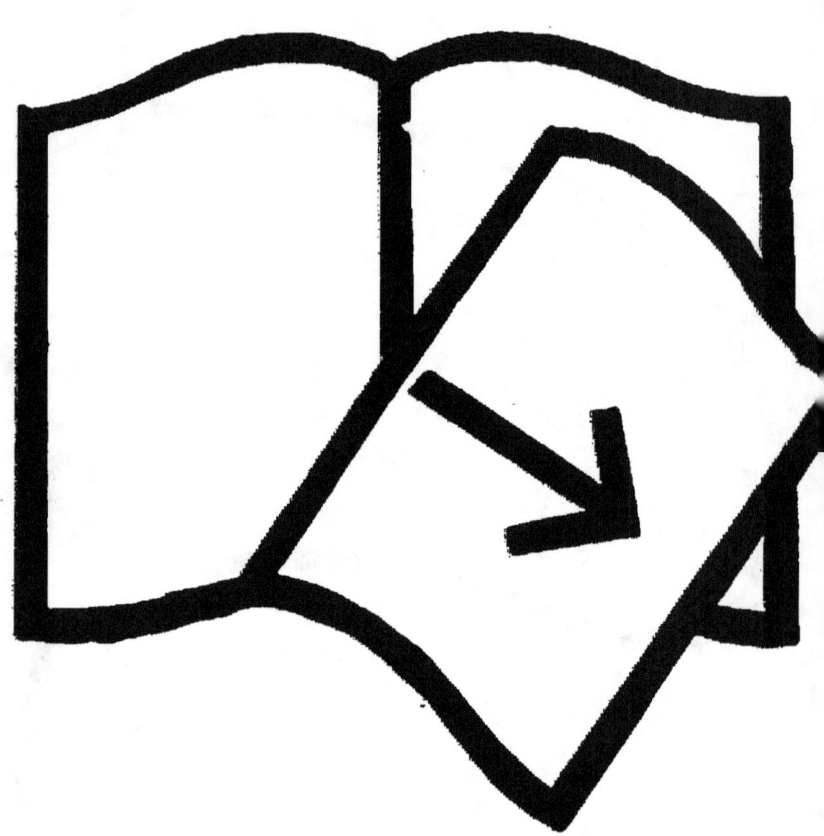

Couverture inférieure manquante

MONOGRAPHIE

DU CANTON

DE CHATEAUPONSAC

PAR

L'ABBÉ A. LECLER

AUMÔNIER DE L'ASILE D'ALIÉNÉS DE NAUGEAT

2ᵉ édition, revue et augmentée

LIMOGES

IMPRIMERIE ET LIBRAIRIE LIMOUSINE

Vᵉ H. DUCOURTIEUX

Libraire de la Société archéologique et historique du Limousin

7, RUE DES ARÈNES, 7

1893

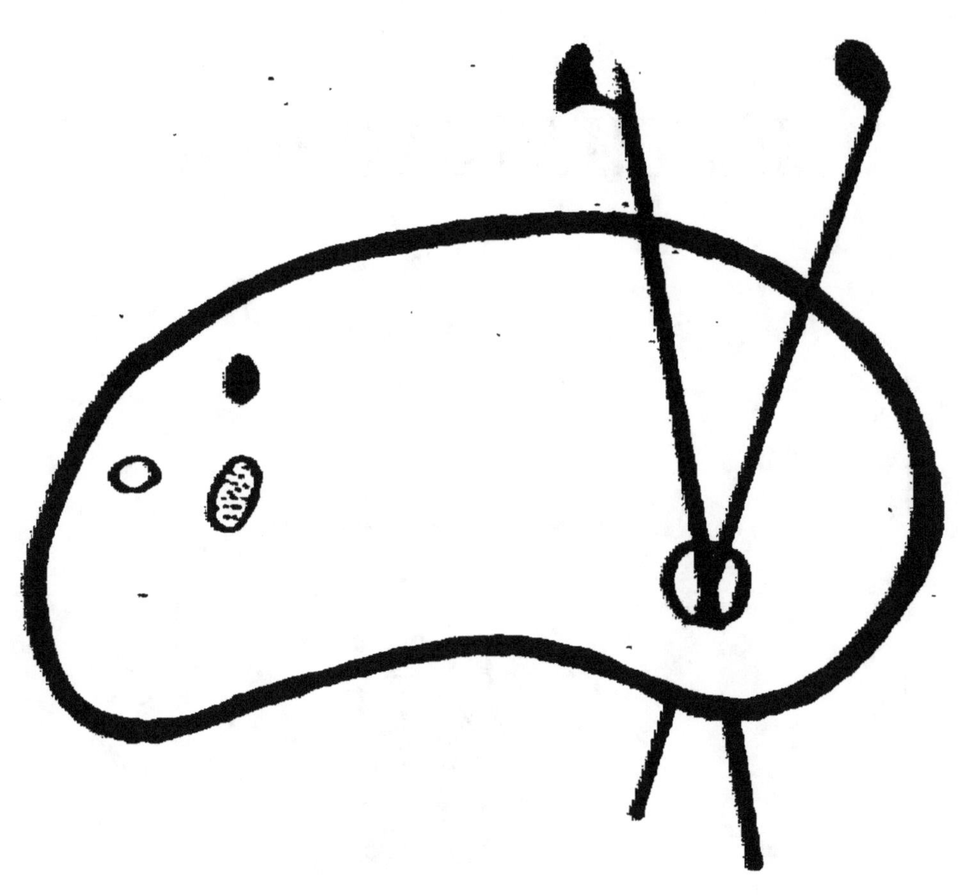

FIN D'UNE SERIE DE DOCUMENTS
EN COULEUR

MONOGRAPHIE

DU CANTON

DE CHATEAUPONSAC

PAR

L'ABBÉ A. LECLER

ANCIEN ÉLÈVE DE L'ÉCOLE PALÉOGRAPHIQUE DE NIORT

2ᵉ édition, revue et augmentée

LIMOGES

IMPRIMERIE ET LIBRAIRIE LIMOUSINE

Vᵉ H. DUCOURTIEUX

Libraire de la Société archéologique et historique du Limousin

7, RUE DES ARÈNES, 7

1895

MONOGRAPHIE

DU CANTON

DE CHATEAUPONSAC

ASPECT GÉNÉRAL DU PAYS. — Le canton de Châteauponsac est situé, en partie, dans la région des montagnes; les rives de la Gartempe et des cours d'eau secondaires qui l'arrosent sont escarpées
et très pittoresques. La partie méridionale, plus montagneuse que
l'autre, offre des cimes assez élevées et dépourvues de végétation.
Près du village des Taffres, à la limite sud de la commune de Châteauponsac, l'altitude est de 469 mètres au-dessus du niveau de la
mer, et de ce point on découvre un vaste horizon sur la Creuse et
le Berry. La partie septentrionale est beaucoup plus en plaine, et
ses points les plus élevés varient entre 300 et 400 mètres.

RIVIÈRES. — Ce canton est traversé de l'est à l'ouest par la Gartempe, affluent de la Creuse. Cette rivière reçoit la Couze, sur sa
rive gauche, entre Balledent et Rancon. Elles coulent presque toujours dans un pays de montagnes, et sont renommées pour les
truites qu'elles nourrissent. La Semme, qui se rend aussi dans la
Gartempe, mais sur sa rive droite, suit encore la même direction.
A l'extrémité nord de ce canton, la Bramme, autre affluent de la
Gartempe, traverse la commune de Saint-Sornin-Leulac.

NATURE DU SOL. — ELÉMENTS QU'IL FOURNIT A L'INDUSTRIE. — Le sol
est granitique, et ne fournit à l'industrie locale que des pierres de
construction et quelque peu d'argile pour la fabrication des tuiles.

PRODUITS NATURELS DU SOL. — Le chêne et le châtaignier sont les deux essences principales du pays; le bouleau abonde dans la partie montagneuse; on trouve quelques hêtres, frênes et peupliers; le noyer y est peu abondant, et l'aulne se rencontre au bord de tous les cours d'eau.

On cultive surtout le seigle; le froment réussit, avec l'aide de la chaux, dans la partie moins montagneuse, et le sarrasin est très répandu. La culture de la vigne, qui était assez considérable à Rancon, a disparu depuis une trentaine d'années.

Les raretés botaniques qu'on y trouve sont : à Rancon, *Doronicum Austriacum*, Jacq.; *Tolpis umbellata* Bert. Pers, et *Gnaphalium luteoalbum* Lin.; sur les bords de la Gartempe, à l'ouest de Châteauponsac et à Saint-Amand-Magnazeix, *Adenocarpus parvifolius* D. C. *Linaria vulgaris*, Mill.

LANGAGE. — Le patois limousin se trouve très peu dans ce canton : le français y est plus généralement parlé; mais il est souvent remplacé par le patois de la Marche.

MŒURS. — Nous n'avons qu'à signaler à cet article ce que nous avons déjà dit ailleurs pour les pays d'émigration : l'absence de presque tous les hommes valides pendant la belle saison est la ruine de l'agriculture autant que des liens de famille.

Comme trait de mœurs et de coutumes anciennes, remarquons la cérémonie par laquelle les habitants de Châteauponsac payaient leurs redevances au seigneur du lieu. (Voir ci-après à l'article *Châteauponsac*.)

COMMERCE. — Le commerce de ce canton consiste uniquement dans la vente des bestiaux et des grains qu'il produit. Le 3 de chaque mois, à Châteauponsac, et le 18, à Rancon, il y a des foires assez considérables. Ces deux localités ont aussi des magasins de draperie et de quincaillerie, etc., pour l'approvisionnement des campagnes.

INDUSTRIE. — L'industrie de ce canton est à peu près nulle : l'émigration des ouvriers et l'industrie nous semblent deux choses incompatibles.

INSTITUTIONS. — Châteauponsac, chef-lieu d'un canton civil et d'un doyenné ecclésiastique, possède : un juge de paix, une brigade de gendarmerie, un bureau de poste, un agent-voyer, deux notaires, un receveur de l'enregistrement et un percepteur. Des classes et un pensionnat, tenus par les sœurs du Sauveur depuis 1847, donnent l'instruction aux jeunes filles.

Rancon a : un notaire, un bureau de distribution de lettres desservi par la station de Droux, un pensionnat de filles tenu par les sœurs du Sauveur depuis 1843.

Balledent a aussi des religieuses du Sauveur depuis 1833. Il y a en outre des instituteurs et des institutrices communaux dans chaque commune et dans plusieurs villages.

Voies de communication. — La ligne du chemin de fer de Poitiers à Limoges passe dans les communes de Rancon et de Châteauponsac. Cette dernière est desservie par une station placée à son chef-lieu; Rancon l'est par celle de Droux (canton de Magnac-Laval).

Deux routes nationales touchent ce canton; ce sont : la route n° 20 (de Paris à Toulouse, par Limoges), qui traverse la commune de Saint-Amand-Magnazeix, et la route n° 142 (de Clermont à Poitiers), qui passe dans les communes de Saint-Priest-le-Betoux et de Saint-Sornin-Leulac.

Les chemins de grande communication sont : la route n° 1, de Bellac à Guéret, traversant les communes de Rancon et Châteauponsac de l'ouest à l'est; — celle de Limoges au Blanc (n° 7), passant par Rancon; — celle du Dorat à Châteauponsac (n° 25), qui passe sur la commune de Rancon, et s'embranche avec le n° 1; — la route de Saint-Junien-sur-Vienne à Châteauponsac (n° 38) traverse la commune de Balledent : c'est pour cette route qu'un nouveau pont, formé d'une seule arche plein-cintre, a été jeté sur la Gartempe, à l'ouest de Châteauponsac; — la route n° 44, de Pierrebuffière à Saint-Sulpice-les-Feuilles, qui passe par Châteauponsac et Saint-Sornin-Leulac; — enfin celle de Magnac-Laval à Châteauponsac (n° 45).

Il existe encore un certain nombre de tronçons de routes désignées sous le nom de chemins vicinaux ou de petite communication, mais dont la plupart sont inachevés.

Ce canton a dû être traversé anciennement, du nord au sud, par la voie romaine allant d'Argenton (*Argentomagus*) à Limoges (*Augustoritum*); nous croyons qu'elle passait dans la ville de Châteauponsac, quoique nous n'en ayons pas encore la preuve. Une seconde voie romaine, ou au moins très ancienne, traversait tout ce canton du couchant au levant. On en voit des traces le long de la grande route actuelle, à l'ouest de Châteauponsac, lorsque cette dernière ne l'absorbe pas complètement.

Souvenirs et monuments historiques. — 1° Pour l'*époque gauloise*, on peut signaler les souterrains-refuges de Châteauponsac, du Soulier et du Montaneau, commune de Saint-Amand-Magnazeix; le tumulus des Tourettes, commune de Châteauponsac, et celui que nous indiquons comme douteux au village de la Bussière-Etable, même commune.

2° *Epoque gallo-romaine.* — Les inscriptions de Châteauponsac et de la Bussière-Etable, celles de Rancon, les voies romaines déjà indiquées à l'article précédent et les sépultures gallo-romaines découvertes en plusieurs lieux.

3° *Moyen âge.* — Les fanaux funéraires de Rancon et de Saint-Amand-Magnazeix, plusieurs manoirs et églises désignés ci-après.

Ce canton se compose des communes de Saint-Amand-Magnazeix, Balledent, Châteauponsac, Saint-Priest-le-Betoux, Rancon et Saint-Sornin-Leulac. Sa superficie est de 17,742 hectares 49 ares, peuplés de 9,502 habitants.

Saint-Amand-Magnazeix, qui a aussi porté le nom de Saint-Amand près Morterolles, ou près la ville de Magnac, était une cure de l'ancien archiprêtré de Rancon, qui comptait 680 communiants, ce qui indique une population de 907 habitants. Aujourd'hui cette paroisse a 1,407 habitants et 3,070 hectares d'étendue. Son patron est saint Amand, solitaire, dont on fait la fête le 25 juin. De 1580 à 1606, le titulaire était nommé par le commandeur de Morterolles, puis le chapitre de l'ordre ratifiait cette nomination. En 1740 et en 1764, le commandeur nommait seul.

François Perron était curé de Saint-Amand en 1760-1762. — Muret, 1764. — Muret, 1783. — Louis-Protais Marcoul de la Prévotière, 1804-1825. — Thévenot, 1833. — Nadaud, 1852. — Caillaudault, 1883. — Besse, 1888. — Barthélemy Delort, 1890.

L'église actuelle est formée d'un sanctuaire en style roman, remontant au XII° siècle, et bien conservé, auquel est jointe une nef plus récente, ou au moins réparée bien postérieurement et sans caractère architectural.

Le cimetière de cette paroisse possède un fanal du moyen-âge. Il est carré, et a 0^m 95 cent. de côté. La table de son autel a 1^m 10 cent. de longueur. Les quatre arêtes des angles de sa colonne sont remplacées par un petit pan coupé, qui commence peu au-dessous de la corniche et qui règne jusqu'au bas. Les quatre baies qui sont au haut ne sont pas placées au milieu des côtés, mais un peu à la gauche du spectateur, ce qui fait qu'elles ne se correspondent pas. L'ouverture carrée qui sert à pénétrer à l'intérieur regarde le midi. L'autel est à peu près orienté, et la croix en fer qui surmonte le fanal est relativement moderne. Les marches d'escalier qui entouraient autrefois ce monument sont détruites; le sol qui l'entoure a cependant gardé un niveau supérieur à celui du cimetière.

Voici les villages qui composent cette commune :

Bonneil.

La Bussière-Rapy, qui était une paroisse dès 1282, appartenant aux chevaliers du Temple. Le commandeur de Morterolles en nommait le titulaire en 1679 et en 1773. Elle était sous le patronage de la sainte Vierge (Assomption), et se composait de 100 communiants. L'église de la Bussière construite au xiii° siècle était assez vaste; en 1615 on jugea utile de faire abattre la voûte du chœur pour prévenir les accidents; celle de la nef n'existait plus. Le cimetière et cette église ont été vendus nationalement, l'an II de la République, à un sieur Chatenet, la somme de 510 fr. (Arch. Haute-Vienne, liasse 290.)

Curés de La Bussière : Léonard La Valeyse, 1732-1764. — De Celle, 1773. — Barret, 1777. — Sudre, 1782. — Junien, 1785.

Le Cauroux.

Le Cerveix.

Champeau.

Le Chezeau.

Les Champs.

Le Châtenet.

Les Combes.

Les Cros.

Feu.

Les Fougères (en partie).

Le Got.

La Lande.

Lascaux.

Mazeiras.

Monchenon.

Le Montaneau. — Un souterrain-refuge de l'époque gauloise existe sous ce village; les habitants du lieu en ont utilisé une partie pour faire une cave.

Montaneau (Moulin du), sur la Semme.

Mont-Cocu.

Moulin du Temple, sur la Semme, qui en 1615 appartenait à l'ordre de Malte.

Peutier.

Le Pin.

Puyferrat qui est le berceau de la famille de ce nom.

Le Soulier. — Un souterrain-refuge existe dans ce village. L'ouverture accidentelle qui s'y fit il y a plusieurs années permit d'y descendre. A une profondeur de 1^m 60 cent., on entra dans un passage d'environ 6 mètres de long, haut de 1^m 30 cent. et d'un peu moins de large, taillé en voûte dans le granit. Vers le milieu de sa longueur, dans la paroi gauche, à 0^m 50 cent. au-dessus du niveau du sol, existe une petite niche, de 0^m 45 cent. de hauteur, dans laquelle on trouva des restes de linge réduits en une sorte de bouillie par la pourriture. Ce couloir conduit à un évasement circulaire de 2 mètres, à voûte arrondie. En face de l'entrée, un second passage, qui a les mêmes dimensions, ou à peu près, mène dans une seconde chambre, également circulaire, de 5 mètres de diamètre et de près de 2^m 50 cent. de hauteur. La voûte est hémisphérique, et le sol qui la surmonte ne doit pas avoir plus de 40 centimètres d'épaisseur. Du côté opposé à l'entrée, mais un peu plus à gauche, on voit l'orifice d'un troisième passage. Il est à peu près semblable aux deux précédents, et sa direction fait un angle de 135° avec celle du dernier. Il donne accès dans une troisième chambre, semblable à la première pour ses dimensions, mais sans autre ouverture. Le tout est creusé dans le granit.

La Valade.

Vaugelade. — Manoir dominant le confluent des deux branches de la Semme. Tous les bâtiments proprement dits sont démolis : il ne reste qu'une tour ronde assez bien conservée. — Sur la hauteur, derrière ce manoir, existe un souterrain-refuge de l'époque gauloise, qui part du village de Millat, commune de Fromental, canton de Bessines.

Varnac.

Balledent, appelé aussi Balladent et Palladens sur les cartes du xvie siècle, fut un prieuré-cure, dont la fête patronale était la fête de l'Invention des reliques de saint Etienne. On trouve son nom dès 1065. Gérald-Hector du Cher, évêque de Limoges, donna cette église au monastère d'Aureil en 1169 (1); aussi le prieur d'Aureil y nommait le titulaire en 1461. C'était le recteur des RR. PP. Jésuites de Limoges de 1629 à 1738, et l'évêque de Limoges en 1772.

L'église de Balledent est une construction romane du xiie siècle dont le sanctuaire seul a conservé sa voûte. Son autel principal, ainsi qu'une stalle et la chaire, sont en bois style du xve siècle, sculptés par Nalbert de Limoges. Elle possède un curieux reli-

---

(1) Voir l'acte de donation Bull. Soc. arch. Lim., t. XXX, 257.

quatre provenant de l'ancienne abbaye de Grandmont : c'est une croix, ayant la forme d'un quatre feuille, en cuivre doré, à pied de calice, ornée d'une image en ivoire de sainte Véronique. Le pied est couvert de figures d'aigles émaillées.

Cette église possède deux cloches modernes, dont l'une a 0,53 centimètres et l'autre 0,54 centimètres de diamètre. La première a pour inscription : Bénite en août 1820. Fut parrain....... fut marraine....... La seconde : Notre-Dame de la Victoire, de l'hérésie défendez-nous. — Triadou frères. Villefranche, 1880.

On connaît les prieurs de Balledent dont les noms suivent : Guy d'Albiat, 1400. — Jean de Cros, jusqu'en 1461. — Jean Perron, 1461. — Guillaume Delage, 1527. — Laurent de Bersac, mort en 1629. — Martial Deschamps, 1629. — Pierre Malavergne, 1668. — Ducouret, 1638. — Pierre Roby, mort en 1738. — Jean Nouhaud, 1738 et 1765. — Rouchaud, 1765. — Marcoul, 1783. Ce dernier fut fidèle à ses devoirs pendant la Révolution, et s'exila en Italie. Au concordat, il ne fut pas possible de mettre un curé à Balledent, et la paroisse fut desservie par les prêtres voisins. M. Chevalier (Michel) y fut nommé en 1844. — Montazaud, 1849. — Perichon, 1854. — Duron (Louis), 1859. — Tonduf (Michel), 1867. — Labrousse (Emile), 1872. — Allavoine (Alexandre), 1876. — Beziel (Joseph), 1878. — Meunier (Cyprien), 1882. — Guillemot (François), 1886. — Vidaillat (Louis), 1888. — Moreau (Jean), 1892.

Dans un trésor de pièces d'or françaises trouvées il y a quelques années à Balledent, on en remarque une qui mérite d'être décrite : C'est une imitation des *royaux* de France. Buste de face et couronné ; il est revêtu d'un manteau, et tient de la droite une épée au milieu d'un encadrement orné de neuf rosettes. La légende est : KAROLVS DVX A. QVITANIE. Le revers porte une croix fleuronnée et cantonnée des lis de France et des lions d'Aquitaine, et pour légende, le cris de guerre des Croisés : CHISTVS VINCIT, CHRISTVS REGNAT, CHRISTVS IMPERAT. Charles, fils puîné de Charles VII et de Marie des Deux-Siciles, duc de Berry, mort duc d'Aquitaine en 1472, frappa ce *royal*, qu'on pourrait appeler *aquitain*.

Pour la justice, tout le bourg et la paroisse de Balledent étaient régis par la coutume du Poitou, et relevaient du Dorat, excepté le lieu de Bois-Bertrand et une ou deux métairies, qui étaient du droit écrit, et relevaient du siège de Bellac.

La famille de Rofflignac de Sannat avait le titre de seigneur de Balledent.

Les villages de cette commune, qui a aujourd'hui 700 habitants et 1,227 hectares d'étendue, sont :

Bois-Bertrand, ancienne habitation de la famille Tessières de de Bois-Bertrand. Cette famille portait *losangé d'argent et de guenles*.

Bois-Lavaud, appelé aussi anciennement Lavaud-Bois, propriété qui appartenait, à la fin du siècle dernier, à la famille de Bonnin. — Jacques Robert, du Dorat, sieur du Bois de Lavaud, mourut en 1676 (Registres paroissiaux du Dorat).

Bord. — Joseph Evrerard était sieur de Bord en 1649 (*Nobil.* II. 95.)

Les Cros. — Guy de Rancon, seigneur des Cros, fait son testament en faveur du prieuré de Balledent en 1360 (Archiv. de la Hte-Vienne, D. 848). Martial de Roffignac est seigneur de Cros en 1597. — Vers 1835 on trouva dans une terre labourée, près du village des Cros, dix-sept urnes en granit, qui étaient des sépultures de l'époque gallo-romaine.

Gaffarie.

L'Houme.

Laborie.

Lavaux ou Lasvoux avait un prieuré de filles dont la chapelle était en ruine en 1652. Il était sous le patronage de sainte Catherine. La prieure de Bostmorbaud, *alias* Las Monjas, paroisse d'Aureil, y mourut en 1573. Les RR. PP. Jésuites de Limoges aliénèrent cette propriété en 1665.

Les Monts.

Nouis, ou Nouit, ou Nuit. — Une branche de la famille Bonnin avait la seigneurie de Nouit au siècle dernier. — M. Jean-Claude Bonnin de Nouit, juge royal de Rancon, est le premier qui ait signalé l'existence du kaolin en Limousin avant la découverte qui en fut faite à Saint-Yrieix.

La Papeterie, ancienne fabrique de papier, située sur la Gartempe. C'est aujourd'hui une minoterie.

Piofoux.

Planchas, *alias* Le Planchou.

Pont (moulin du), sur la Couze.

La Prade.

Roumilhac (Le Bas-).

Châteauponsac. — La ville de Châteauponsac (*Castrum Ponciacum ou Potenciacum*) est située dans une position stratégique autrefois très forte, et à laquelle elle doit son nom. Elle est assise sur un promontoire dont les escarpements à pic commandent le cours de la Gartempe et son pont, construit avec des débris romains. Même en notre province, si riche en sites pittoresques; il serait difficile de trouver un point de vue plus orné de contrastes de toute sorte. La Gartempe s'est creusé un lit sinueux et profond à travers une immense carrière de rochers. Sur la rive gauche, des pentes abruptes et inaccessibles sont parées d'une végétation que percent çà et là des aiguilles de granit ; sur la rive droite, la main de l'homme a péniblement creusé dans le roc une voie rapide, et les terrasses de quelques jardins superposés le long de ce coteau sont couronnées, à une grande hauteur, par la ligne des maisons, que domine l'église.

Les Romains ont laissé des traces de leur passage tout le long de cette rivière. Ici nous trouvons deux inscriptions : la première, qu'on voyait, à la fin du siècle dernier, à droite en entrant dans le cimetière et qui est maintenant perdue, était ainsi conçue :

BIAE. IVL. ALPINAE

Il faut lire : *Diis Manibus et memoriae Juliae Alpinae.* Aux dieux Mânes et à la mémoire de Julia Alpina.

La seconde existe encore au bas de la première pile du pont, en aval, sur la rive gauche. En voici le texte dont il manque une partie.

PRO. SAL. IMP, CAE..........
MONVMENT. LVCAN...........
VERICI. FIL. ET. PATRI. SV....

D'après la forme des lettres, il convient de placer au IIIe siècle cette dédicace encore inexpliquée.

Beauménil, cet antiquaire comédien dont nous avons démontré ailleurs (1) la fourberie scientifique, rapporte cette autre inscription, qu'il aurait lue sur la pile de la rive droite du même pont :

BAROBA SAC
AAIOM........
ISONI VIVI E.

Jusqu'à présent personne, si ce n'est Beauménil, n'a pu voir cette inscription : aussi en révoquons-nous en doute l'existence, jusqu'à ce qu'elle aura été constatée par d'autres témoins. Même observation pour le fragment suivant, que le même auteur aurait aussi vu au même endroit :

ACEMO.......
TA EN.......
OANANIS.....

<hr>

(1) *Bulletin de la Société archéologique et historique du Limousin,* t. XIX, p. 27.

« D'après des titres originaux renfermés dans une boîte en cuivre, trouvés sous un autel à Déol, et copiés par ordre de Henri de Bourbon, prince de Condé, duc de Châteauroux, prince de Déol, un gaulois nommé Denis, prince de Déol, vivant en 218, aurait possédé une propriété considérable à Châteauponsac, sur la rive de la Gartempe ». (M. DAUBIN, *Notice sur Châteauponsac.*)

Au xi⁰ siècle, Adémar l'appelle *Castellum Potentiam*, abréviation pour *Potenciacum*.

Une monnaie limousine de l'époque mérovingiene sur laquelle on lit le mot *Potento* est attribuée par M. Deloche à Châteauponsac.

A une époque très reculée, on trouve mentionné le prieuré de Châteauponsac, qui fut réuni à l'abbaye de Bourg-Dieu par bulle de 1318. En 1516 on cotisa ce prieuré aux décimes du diocèse de Limoges pour la somme de 80 livres ; mais en 1544, le cardinal d'Amboise, abbé-commendataire du Bourg-Dieu, demanda que ce prieuré fût déchargé de la cotisation des décimes au diocèse de Limoges, parce qu'il était cotisé, comme annexe de son abbaye, dans le diocèse de Bourges. Le grand conseil tenu à Pontoise en 1547 lui fit justice par arrêt du 27 avril. En 1569, nous le trouvons sous le nom de prévôté. Son patron était saint Thyrse, martyr à Alexandrie. Avant son union au Bourg-Dieu, c'était l'abbé de ce lieu qui y nommait les titulaires.

Le prieur de Châteauponsac était seigneur de cette ville et de ses faubourgs. Les habitants ne lui payaient ni cens, ni redevance ; mais, le premier jour de l'an, les jeunes gens allaient prendre, à la course, un roitelet. Celui qui l'avait pris était le roi de la fête, et il venait accompagné de ses camarades, au bruit des tambours et des hautbois, le présenter, pendant la grand'messe, au prieur, ou au juge, ou même au procureur fiscal. Les jeunes gens affirmaient, avec serment, qu'ils avaient pris l'oiseau loyalement, à la course, sans l'avoir arquebusé, ni tiré à coup de flèches. Après la messe on dressait procès-verbal de cette cérémonie.

Le prieur était tenu de donner tous les jours de la semaine, depuis la veille de saint Michel jusqu'à la veille de saint Jean-Baptiste, une aumône de pain de seigle.

La majeure partie de la paroisse de Châteauponsac était régie par la coutume du Poitou, et relevait du Dorat ; l'autre partie, où le droit écrit était en vigueur, relevait du sénéchal de Limoges.

M. de Bernage, intendant, dans son mémoire de 1698, dit que Châteauponsac « contient cent trente-six feux et environ 2,000 habitants. La seigneurie en appartient au chapitre de Châteauroux ». (*Bull. Soc. arch. Lim.*, XXXII, 245.)

La ville de Châteauponsac possédait deux églises paroissiales et deux chapelles ; ce sont :

1. — La cure de Saint-Thyrse, qui était en ville murée, avait ce saint pour patron. Elle était encore à la nomination de l'abbé du Bourg-Dieu de 1513 à 1616. Ce droit passa ensuite au prince de Condé jusqu'en 1720, puis au roi jusqu'à la fin du siècle dernier.

L'église de Saint-Thyrse, actuellement seule église paroissiale, est un édifice roman de la fin du xi° siècle. Son plan cruciforme accuse deux collatéraux étroits, et trois absides circulaires à l'est. Une coupole couronnée d'un clocher surmonte l'intersection du transept et de la nef. La flèche a été reconstruite sur de plus grandes dimensions (1870), et la toiture refaite et mise en rapport avec le style du monument (1872). Le chœur est séparé des collatéraux par deux rangs de magnifiques colonnes aux légers fûts cylindriques. Un des chapiteaux qui les surmontent représente un prêtre payen ou flamine ; ce qui fait supposer que ce sont des restes d'une construction romaine.

Sous la chapelle du transept méridional existe une belle crypte dont la voûte est portée par quatre colonnes. Un seul des quatre chapiteaux qui surmontent ces colonnes est sculpté ; particularité qui se rencontre dans la crypte du Dorat, au clocher de la cathédrale de Limoges, dans les églises de Razès, de Saint-Mathieu, etc.

Cette église fut saccagée pendant les guerres de la domination anglaise, au xiv° siècle. La voûte de la nef et la façade occidentale furent renversées dans une collision sanglante. Les xiv° et xv° siècles réparèrent ces désastres à leur manière. Dans la nef, les murs romans conservés virent aveugler leur baies et arracher leurs contreforts ; des fenêtres nouvelles furent percées ; la nef et les collatéraux furent couverts d'une voûte à nervures prismatiques, qui viennent se perdre dans des colonnes sans chapiteaux ; enfin une façade occitentale en ogives fleuries couronna cette réparation.

Les curés de Saint-Thyrse de Châteauponsac dont j'ai retrouvé les noms, sont : Jacques du Monteil, mort en 1570. — François du Monteil, 1570. — Léonard Bandel qui résigna le 3 mars 1600. — François Pascaud, 1600. — Bongrand, 1643, mort en 1662. — Léonard Baussan, ou Bossan, 1670, 1673. — Pierre Mathieu, 1698, mort en 1719. — Gaspard-Joachim de Fénieu de La Méronnière, 1753-1762. — De Fénieu du Verger, 1768-1787. — Gaudeix de La Borderie, 1787-1791. — Jacques Villejoubert, 1801, mort en 1811. — Junien Labarre, 1811, mort en 1821. — Hervy, 1821-1828. — Peyratou, 1828. — Jean Gardavaud, 1836, mort en 1868. — Vincent, 1868.

Cette église possède deux cloches dont voici les inscriptions :

Agios o theos yschyros athanatos eleison ymas. — Sancte Thirse ora pro nobis Deum, ut nos defendat a fulgure et tempestate et ab omni malo. Amen. — Telle est l'invocation sous laquelle je fus mise lorsque sous le curé Bongrand je fus fondue par Pierre Lalay et bénite en 1643. Mes parrain et marraine étaient J. Tardy et Mathurine Sornin. — Telle est l'invocation que je conserve aujourd'hui, septembre 1849, que sous le curé Gardavaud, brisée par un éclat de la foudre je suis refondue par Emile Mutel, et bénite de nouveau, ayant pour parrain et marraine P. A. Junien Tardy, maire, et A. M. Aglaé de la Celle, née Ventenat. — Emile Mutel à Breuvane, Haute-Marne.

On lit sur la seconde : J'ai été bénite par M. Jacques Villejoubert, curé. J'ai eu pour parrain M. J. A. Daubin et pour marraine Dem. Marie-Florine-Victorine Dubrac. — M⁽ᵉ⁾ Jean de Fénieux, avocat, M. André-Louis de Fénieux de Vaubourdolle, B. Alexis Mathieu Ventenat, et F. Chénieux, marguilliers, F. Tardy, 1805. — Jacques Martin, fondeur.

Il y avait une communauté considérable de prêtres séculiers, qui était chargée du service de cette église. Elle avait été fondée en 1564 (Bonav., t. II, p. 21, col. 1), et a existé jusqu'au moment de la Révolution. D'Hozier, dans l'*Armorial général de la France*, lui a donné pour armes : *d'argent à trois fasces d'azur.*

Plusieurs vicairies avaient été fondées dans l'église de Saint-Thyrse. Ce sont :

1° Celle que Jean du Monteil, prévôt laïque, y fonda le 7 septembre 1538, qui devait être servie par le curé et les prêtres de la communauté, et qui était à l'autel de Saint-Sébastien ;

2° Celle que fonda, le 5 janvier 1545 (*vieux style*), Bertrand ou Bernard de La Courrière, prêtre de la communauté : elle était au grand-autel, et les héritiers du fondateur y faisaient les nominations ;

3° Jacques Le Borlhe en fonda une, à laquelle nommaient, en 1743, N. du Fénieu, sieur de La Mérronnière, président à l'élection de Limoges, et N... du Fénieu, sieur de Vaubourdelles.

4° Une quatrième vicairie avait pour fondateur Mathieu de Fontbellone, prêtre : elle était à l'autel de la Sainte-Vierge. En 1584, Bongrand et Dumonteil, prévôt laïque, y faisaient les nominations.

Par une ordonnance de M⁽ᵍʳ⁾ l'évêque de Limoges, du 20 juillet 1750, il était permis au sieur Martial du Fénieu, sieur du Mas-la-Valade, de jouir du droit de chapelle et de tombeau dans l'église de Saint-Thyrse, et même du droit de banc. Par deux autres ordonnances, l'une du 23 avril 1743 et l'autre du 7 mai 1749, il fut statué que la chapelle du Crucifix de cette église serait détruite, pour les raisons y contenues. Cette chapelle avait été bâtie en 1558.

Parmi les nombreux reliquaires que possède l'église de Château-ponsac, on en remarque un appelé de *Tous les Saints*, qui contient trente-six reliques différentes. C'est un phylactère en vermeil, couvert d'émaux, de filigranes et de pierres fines. Il fut donné à cette paroisse en 1790, lors de la distribution du trésor de l'abbaye de Grandmont. Voici son origine :

« En 1226, les abbayes de Grandmont et de Saint-Sernin de Toulouse s'admirent mutuellement à la fraternité de leurs ordres. Ce langage, inintelligible aujourd'hui, signifiait que les deux communautés entraient en participation de toutes les bonnes œuvres qui s'accomplissaient dans chaque monastère. A cette époque, ces deux abbayes célèbres échangèrent des dons affectueux. Saint-Sernin possède, de cette date, une châsse émaillée qui pourrait bien avoir cette origine. Mais le fait, douteux pour Saint-Sernin, est positif à Grandmont. Les anciens inventaires et Bonaventure de Saint-Amable désignent ce joyau comme donné à Grandmont par Saint-Sernin en 1226. Il a d'ailleurs tous les caractères de cette époque : le travail de filigrane, les petites galeries plein-cintrées, les fleurs de lis enveloppés dans une ellipse, la forme des caractères, indiquent le commencement du XIIIe siècle. C'est une œuvre exquise d'élégance, où le travail surpasse la plus riche matière (1) »

Voici l'inscription qui est gravée sous le pied, sans tenir compte des abréviations qu'elle renferme :

« In hac philecteria sunt hæ reliquiæ : quidam pilus Domini ; de tunica inconsutili : de cruce Domini ; de sepulcro Domini ; de tabula in qua positum fuit corpus Domini ; de sepulcro beatæ Mariæ : de vestimento ipsius ; beati Johannis Baptistæ ; de sancto Andrea ; de sancto Philippo ; de sancto Bartholomæo ; de sancto Barnaba ; de sancto Thoma ; de sancto Jacobo, apostolo ; de Innocentibus ; de sancto Marco : de sancto Luca, evangelista ; de sancto Stephano, protomartyre ; de sancto Laurentio ; de sancto Vincencio ; de sancto Ignatio ; de sancto Eustachio ; de sancto Theodoro ; de sancto Eleuterio, martyribus ; de sancto Martino ; de sancto Nicolao ; de sancto Ilario ; de sancto Jacobo Persiæ ; de sancto Gregorio ; de sancto Jeronimo ; de sancto Zebedeo ; de sancto Simeone ; de sancta Maria Magdalena : de sancta Euphemia ; de sancta Catharina ; de spinis coronæ Domini ».

L'église de Châteauponsac possède encore un moule en fer pour la fabrication des pains d'autel, qui remonte au XIIIe siècle. Il a été

---

(1) TEXIER, *Manuel d'épigraphie*, p. 173. — Ce phylactère a été savamment décrit par Mgr Barbier de Montault. — *Bull. Soc. Brice*, IX, 252.

décrit et figuré par Mgr Barbier de Montault dans le *Bull. soc. arch. Lim.*, XXXV, 250.

II. — *Saint-Pierre.* — Cette église avait pour patron saint Pierre, apôtre. Son titulaire était nommé par le prévôt de La Souterraine, au moins depuis 1513 jusqu'en 1720. Après l'union de cette prévôté, ce fut l'évêque de Limoges qui fit cette nomination.

L'église, qui existe encore aujourd'hui, mais qui a perdu sa destination, est une construction romane assez élégante. Elle est liturgiquement orientée, comme les autres églises de Châteauponsac. La porte fait face au midi, et son pignon occidental est surmonté d'un pinacle à deux baies. La voûte du sanctuaire est parfaitement conservée ; la nef en est dépourvue.

Parmi les curés de Saint-Pierre de Châteauponsac on peut citer : Pierre Lymousin, 1558. — Leboys, 1614. — L. Adhenet, 1666. — Leboys, 1666-1670. — Jean-Antoine Lafont, 1720-1762. — Vignaud, 1763.

III. — *Chapelle de la Sainte-Vierge.* — Cette chapelle, lieu de pèlerinage pour toute la contrée, est située à l'ouest de la ville. Elle existait en 1212. Nous la trouvons en 1463, portant le titre d'annexe de la cure. En 1587, elle fut profanée et brûlée par ceux de la religion prétendue réformée. Elle fut restaurée en 1625, et agrandie en 1728. Des réparations récentes (1869) assurent sa solidité, qui avait été compromise par des travaux de voirie exécutés autour.

Cet édifice est une véritable église, avec deux collatéraux voûtés à la gothique. Son sanctuaire est une construction romane du XIIᵉ siècle. Aux clefs de voûte des bas-côtés on trouve deux écussons : le premier est : *d'azur au phénix essorant d'or, becqué et membré de gueules, posé sur la corne dextre d'un croissant d'argent ; au chef cousu de gueules chargé de trois étoiles d'or.* Ce sont les armes de la famille de Fénieu. Le second, où l'on voit *une aigle éployée à deux têtes*, donne les armes de la famille de La Celle, pour laquelle nous trouvons, en 1495, *d'argent à l'aigle éployée de sable, membrée d'or.*

Le grand portail de cette chapelle est dans le goût de la Renaissance. Deux grandes ouvertures, en forme de fenêtre, sont pratiquées à ses côtés, pour permettre à la foule des pèlerins de suivre les cérémonies du culte lorsqu'ils ne pouvaient pas tous contenir à l'intérieur.

L'inscription suivante est gravée au-dessus :

CURATOR ECCLESIÆ EREXIT AN. 1728.

A chacune des portes latérales, sur le bord de la grand'route et au côté du midi, on lit ces mots :

SI LE NOM DE MARIE EN TON CŒUR EST GRAVÉ,
NE NÉGLIGE EN PASSANT DE ME DIRE UN AVE.

Un bénitier en forme de vase, à trois faces, placé au milieu de l'église, porte sur chacun de ses côtés une des invocations suivantes, gravées dans son granit.

VAS SPIRITUALE. — VAS HONORABILE. — VAS INSIGNE DEVOTIONIS.

La sacristie, qui est une construction postérieure au sanctuaire, au nord duquel elle est accolée, porte la date 1672.

On trouvait aussi, dans cette chapelle, un autel dédié à sainte Anne, érigé en 1686. Il était interdit en 1750.

En 1677, François Moreau, écuyer, sieur de Leyraud, paroisse de Roussac, fut enseveli dans cette chapelle.

On lit encore sur un pilier du bas-côté méridional : « Le 25 avril 1822, fut inhumé sous cette tombe François-Thyrse Gailhbaud, de Châteauponsac, prêtre, chanoine de la cathédrale. L'Église, en lui, perdit un de ses bienfaiteurs, et le pauvre arrose son cercueil de pleurs. » C'est la tombe d'un confesseur de la foi, qui a souffert la prison et l'exil en Espagne pendant la Révolution française.

IV. — *Chapelle de Saint-Martin.* — Entre le château actuel et l'emplacement qu'occupe aujourd'hui la station du chemin de fer, existait autrefois une chapelle dédiée à saint Martin. La compagnie des Pénitents noirs y avait été établie en 1663. Elle n'a été détruite que de nos jours.

La peste sévissait à Châteauponsac en 1631. Une des victimes de ce fléau fut Gaspard Benoit, trésorier de France, mort le 15 septembre. Il fut enterré dans cette chapelle, et l'on plaça sur son tombeau l'inscription suivante :

Viro clarissimo Gaspardo Benoit
Quæstori integerrimo, assessori æquissimo,
In perpetuum monumentum.

Gasparde clari gloria sanguinis,	Passant ne crois pas que Benoit
Gasparde gentis præsidium tuæ,	Soit dans l'oubli sous cette pierre ;
Sic ergo te obscurum tenebat	Que celui que chacun aimoit
Exanimem peregrina tellus.	Ne vive plus dessus la terre :
	L'oracle de notre barreau,
Non sic honores nominis inclytos,	Le soleil de notre bureau,
Non sic amores cordibus insitos	Non, non, il est vivant encore,
Externa vincat terra; vives	Celui de qui pas un de nous
Pectoribus, Benedicte, nostris.	Ne se souvient qu'il ne l'honore,
	Et qui vit dans le cœur de tous.

2

Ponebat amantissimo conjugi conjux
Amantissima Maria Benoit in
Perpetuum amoris monumentum.
Obiit die decima quinta septembris anno 1631

A la suite du décès de Gaspard Benoit, une fondation fut faite oans cette chapelle de Saint-Martin; le titre est du 6 septembre 1632, reçu par Thomas, notaire royal à Limoges.

Châteauponsac avait aussi une maladrerie de fondation royale en 1648. C'était le grand-aumônier de France qui y nommait.

Le cimetière actuel de Châteauponsac a été béni le 31 décembre 1807.

Le pont qui fait communiquer la ville de Châteauponsac avec la rive gauche de la Gartempe a été construit à une époque fort reculée. Il était sur le point de s'écrouler en 1609, lorsque Henri IV accorda, pour le rebâtir, 2,400 livres. Les habitants firent une pareille somme, et MM. Chaud, du Fénieu et Le Borlhe se chargèrent de cette entreprise.

Un second pont, formé d'une seule arche, a été bâti (1870) un kilomètre plus bas, pour le passage de la route de Châteauponsac à Saint-Junien.

M. Mathieu de La Gorce, avocat très distingué, et qui avait acheté une charge de trésorier, construisit, vers 1765 ou 1770, le château qui s'élève aujourd'hui au milieu de la ville. C'est une élégante construction, entourée de places publiques et de promenades plantées d'arbres.

Une fontaine monumentale construite en 1867 sur la place principale, distribue ses eaux à toute la ville.

La ville de Châteauponsac était entourée de murailles, dont on voit encore quelques morceaux; une porte existe entière. Malgré ses remparts et sa position exeptionnelle, elle fut plusieurs fois attaquée et prise.

En 1584, Rochebrune, chef calviniste, ayant sous ses ordres les capitaines huguenots Le Dreuille, Savary, Pressiniac, Foussac, Busseroles, etc., donna l'assaut à la ville de Châteauponsac. Il fut repoussé et tué dans cette affaire (1).

Après la bataille de Coutras, en 1587, un nommé Lamorie, qui faisait la guerre pour le roi de Navarre et le parti protestant, s'en empara par surprise avec ses compagnons. Ils y séjournèrent

(1) « Rocabrunus, calvinista, scalis admotis, Castrum Pontiacum invadit; quo in conflictu occiditur, sceleris sui et ministris et adjutoribus ûsus Drolio, Savario, Pressiniaco, Fossaco, Busserolio, et aliis calviniani erroris fautoribus, 1584. » (COLLIN, Ms. : apud NADAUD, Recherches, Ms.)

quelques mois, et y levèrent des hommes et de l'argent. (JOULLIET-
TON, *Hist. de la Marche*, t. I, p. 333.) Ils profanèrent et brûlèrent
la chapelle de la Sainte-Vierge.

En 1588, le 14 juin, Châteauponsac fut encore pris par des troupes de bandits, qui emmenèrent des bestiaux et pillèrent les maisons. (BONAVENTURE, t. III, p. 801.) Peut-être ce pillage serait-il le
même que le précédent, ou celui qui eut lieu sous Gaspard Foucault,
seigneur de Saint-Germain, chef des huguenots en Limousin.

En 1591, le vicomte de La Guierche s'en empara ; mais le prince
de Conti la reprit peu après.

Pendant la révolution de 1793, les troubles furent assez considérables à Châteauponsac, et plusieurs fois des commissaires et des
troupes y furent envoyés de Limoges.

D'Hozier, dans l'*Armorial général de la France*, a donné pour
armes à la ville de Châteauponsac : *d'azur à une fasce d'argent.*

Parmi les hommes marquants nés dans cette paroisse, on peut
citer :

1° Léonard Filloux, grand-carme, connu en religion sous le
nom de P. Cyrille-de-Jésus, qui fut prieur des Grands-Carmes en
1719, et mourut à Paris en 1729 : on a de lui un panégyrique de
saint Charles Borromée ;

2° François Lebœuf, prêtre communaliste de Châteauponsac,
mort en 1555, auteur de plusieurs ouvrages de piété ;

3° L'abbé Péricaud, dont il est parlé plus bas ;

4° François-Gédéon Lavalette-Devérine (1775-1800), né à Châteauponsac, volontaire au 3e bataillon de la Haute-Vienne, capitaine
à dix-sept ans. Il s'était formé sur les champs de bataille de l'armée d'Italie pendant les grandes campagnes de 1796 et 1797.
Adjudant général en 1800, Devérine fut blessé mortellement au
combat de Burg-Eberach (Bavière), le 12 frimaire an IX. Il disait
aux carabiniers de la 21e légion qui se pressaient autour de lui,
et qui lui donnaient des témoignages d'intérêt, fruit d'une bonne
renommée : « Vous voyez que la guerre n'épargne personne, mais
il est bien glorieux de mourir de cette mort. » Devérine fut enterré,
par ordre du général en chef Augereau, à la place où il avait reçu
coup mortel (1).

Châteauponsac est actuellement un chef-lieu de canton et d'un
doyenné ecclésiastique. Cette commune compte aujourd'hui 3,970
habitants, et a une étendue de 6,879 hectares. Les villages qui la
composent sont :

Auziliac. — Au nord de ce village on trouve des restes d'une

(1) *Almanach limousin* pour 1881, p. 80.

ancienne voie qui traversait tout le canton de l'Est à l'Ouest. Ce village a vu naître M. Péricaud, d'abord vicaire de Châteauponsac, puis secrétaire de l'évêché de Séez, et en ensuite chanoine et vicaire général de cette cathédrale. Il fut chapelain des tantes du roi Louis XVI, prieur de Montfaucon et abbé de Persaigne. Il émigra pendant la Révolution, se trouva à l'affaire de Quiberon, et n'échappa qu'en se jetant à la mer. Rentré en Angleterre, il devint secrétaire d'ambassade. Il fut chargé de missions politiques tellement importantes et délicates, que Fouché, ministre de la police de France sous l'Empereur Napoléon Ier, le signala dans un rapport imprimé sur la tentative de Stuttgard comme un habile homme. Il vint mourir à Châteauponsac, à l'âge de soixante-seize ans, au mois d'août 1818.

Berberide, ancienne propriété de la famille Le Borlhe.

Bicheuil.

Biossac. — Une branche de la famille du Fénieu était seigneur de Biossac.

Bois.

La Borderie.

Le Bouchet.

La Bussière-Étable. — En s'appuyant sur l'étymologie de ce nom, on veut généralement faire de ce village un *stabulum* de l'époque romaine, placé sur la voie qui traversait ce canton de l'est à l'ouest; mais il semble plus probable que cette voie, qu'on peut encore suivre facilement, n'est autre chose qu'un chemin du moyen âge. Il est toutefois à peu de distance de celle qui allait d'Argenton à Limoges.

L'inscription suivante aurait été trouvée à quatre cents pas du village, dans les terres à gauche de la route :

$$\text{M. A...........}$$
$$\text{........V.......}$$
$$\text{M. ....S..}$$

Elle était gravée sur un monolithe cylindrique se terminant par une base carrée, ce qui porte à croire que c'était une borne milliaire. Cette inscription était si altérée et dégradée qu'on ne pouvait distinguer que les lettres ci-dessus. Personne ne sait ce qu'est devenue cette pierre.

Ces quatre lettres, et la manière dont elle sont disposées, font supposer à M. Espérandieu que cette borne milliaire était au nom de Gordien III, comme celle d'Ahun, et les deux inscriptions devaient être semblables :

Imp. Caes.
M. Ant. Gor
diano. pio.
felici. aVg
p. M. tr. p. vi. coS
II. p. p............

A l'empereur César Marc Antoine Gordien, pieux, heureux, Auguste souverain pontife, revêtu de la puissance tribunice pour la VI° fois, consul pour la II° fois, père de la patrie,....

Près du village de La Bussière, l'on trouve l'emplacement d'un ancien château, et près de là un monticule haut d'une dizaine de mètres du côté de la rivière. Il est signalé partout comme étant un tumulus. Des fouilles seules pourraient faire connaître si cette hypothèse est vraie; mais nous sommes porté à croire que c'est une simple motte, sur laquelle était un donjon faisant partie du système de fortifications du château. Léonard-François du Monard était seigneur de La Bussière-Étable en 1650. Jean de Coustin, chevalier, en était seigneur en 1753.

La Chaise. Un Gui de Rancon donna six deniers de rente sur le jardin de La Chaise, pour le repos de son âme en 1360.

Chanterannes.

Châtres.

La Caure (moulin de la), sur la Semme.

Chégurat (*loca secura.*) — Près de ce village, à l'extrémité d'un mamelon dominant la Semme, au-dessus du moulin des Roches, on trouve un camp retranché. Il est formé au nord par un fossé de 20 mètres de largeur sur 80 de longueur, et des autres côtés, qui sont très escarpés, par une muraille de pierre. Sa longueur totale est 90 mètres. — La famille Leborlh possédait Chégurat en 1717

Chêne-Pierre (moulin de), sur la Semme.

La Combe.

La Courrière.

Le Courtieux.

Les Cros.

Dant.

Chez-Doucet.

Ehrvaud (moulin d'), sur la Semme.

L'Etrade. — Près de ce village est un rocher nommé « la Pierre du jugement ou du sacrifice ». Le feldspath, plus abondant dans quelques parties de cette roche granitique, s'est désagrégé sous l'influence des agents atmosphériques, et y a laissé des cavités où le vulgaire croit voir des bassins creusés de main d'homme, pour recevoir les animaux qu'on y venait immoler, et des rigoles pour faire couler le sang. Cette tradition populaire lui a fait donner son nom. C'est un rocher naturel, qui a été désigné à tort (1) comme un demi-dolmen.

Fond-bel-Homme.

Les Fougères.

Les Gâches.

Galand (moulin), sur la Gartempe.

La Garcille.

La Garde.

La Gorce.

Les Houmeaux. — Un manoir assez considérable avec ses dépendances a formé ce village. Le château appartenait à la famille des Houmeaux des Vérines. Tout ce qui reste de cette construction indique une existence environ de deux siècles. Une de ses tours contenant un escalier tournant a été détruite; il en reste une seconde. La chapelle, qui faisait suite au corps-de-logis, ne laisse plus voir que des sarcophages en granit encore engagés dans les murs de ses fondations.

La Josnière.

La Lande.

Lascoux.

Lavaud.

Lavaudloube.

Lésignat.

Les Maisons.

Le Grand-Manchinal, *alias* La Méronnière, possédé par la famille du Fénieu, dont une branche portait le nom.

Le Petit-Manchinal.

La Manonade.

Saint-Martial. — Chapelle rurale qui existait en 1595. Elle est située en face de Châteauponsac, sur la rive opposée de la Gartempe. Aujourd'hui elle est transformée en habitation. Le soir de la fête de Pâques, les habitants de la ville se rendent à cette chapelle, moitié par dévotion, moitié en partie de plaisir.

Mas-Jude.

Mas-Périer.

Le Mazoudeau.

La Ménéreix.

Monard (moulin du), sur la Semme.

(1) *Bull. Soc. arch. hist. Lim.*, X, 10

Montanaud.

Montanaud (moulin de).

Le Grand-Monteil.

Le Petit-Monteil.

Monteil (moulin du Petit-).

Le Montillon.

Moulin de la Ville.

Nazat.

Nazat (moulin de).

Le Noyer.

Les Peirières.

Le Peubuis.

Pin (moulin du).

La Plagne.

La Pouyade.

Le Puy-Joli.

Le Puy-Malhac.

Le Puy-Maron. — Dans un champ de ce village on a trouvé un coffre d'un beau granit, surmonté de son couvercle. Le socle mesure 1^m 65 cent. de circonférence. Le couvercle est de forme ovoïde, parfaitement taillé et se terminant par une boule. Dans le socle était incrustée une urne en verre bleu de forme parfaite, avec deux oreilles ou anses d'un beau modèle. Elle contenait des cendres, beaucoup d'ossements calcinés, la tête en or d'une grande épingle de la grosseur d'un pois rond, et une fiole en verre qui a été cassée. Cette urne mesure 0^m 80 cent. de circonférence et 0^m 30 cent. au cou: elle est haute de 0^m 22 cent.

La Roche-Coquely.

La Roche-Tardy.

Roches (moulin des), sur la Semme.

La Roussille.

Les Taffres.

Chez-Taverne.

Les Tourettes. — Ce village, situé probablement auprès de la voie romaine d'Argenton à Limoges, et près du camp retranché de Chégurat, possède un tumulus.

La Valette. — Près de ce village il existe un petit monticule qui a pu être une motte.

Vaubourdolle. — Avant la Révolution, on trouvait les ruines d'un ermitage qui avait été bâti sur le fonds de N... du Fénieu, seigneur de Vaubourdolle.

Vaudeget (moulin de).

Vaugelade, où Guy de Rancon avait des possessions au XIIIe siècle

Ventenat. — Château en ruines, situé sur la rive gauche de la Gartempe, en aval de Châteauponsac, dans une position très pittoresque. Il a été construit au xvᵉ siècle. Son plan était un rectangle flanqué de quatre tours. Il a été détruit en 1793. Nous trouvons, en 1533, René Gontier, écuyer, sieur de Ventenat. Il fut ensuite la propriété de la famille du Mosnard, dont les armes sont : *d'argent à la fasce de gueules accompagnée de deux aiglettes d'azur en chef et d'une aiglette de même en pointe.* Les possesseurs sont alors, vers 1560, Charles du Mosnard, sieur de Ventenat; en 1598, Jean du Mosnard; en 1634, Léonard du Mosnard, et en 1652, Jean du Monard, sieur de Ventenat; en 1683, Léonard du Monard, écuyer, sieur de Ventenat; Jean-Bapiste Mathieu de la Gorce, secrétaire du roi, était seigneur de Ventenat et autres lieux, 23 juillet 1787, et, en 1805, Alexis Mathieu Ventenat. La famille de Ventenat s'est éteinte dans la famille de La Celle.

Le Verger a aussi appartenu à la famille du Fénieu.

Vergnat.

Les Vérines.

La Ville-au-Reix.

Villepontour.

Villette (moulin de La), sur la Gartempe.

Sur la rive gauche de la Semme, qui coule à un kilomètre au nord de Châteauponsac, en face du village de La Valette, est un souterrain connu sous le nom de Cabane-des-Fées. Nous l'avons visité le 18 juillet 1865. On ne peut y pénétrer qu'en rampant sur les mains. C'est ainsi qu'il faut parcourir un couloir assez large, long environ de 5 mètres. A son extrémité, on se trouve dans une salle de 8 mètres de long, sur 4 de large. Au centre, sa voûte a 2ᵐ 50 cent. d'élévation. Elle est taillée dans le tuf, et sa forme ovale affecte un peu le rectangle. Dans la paroi, on remarque une petite cavité à peu près carrée. La terre qui forme aujourd'hui le sol de cette grotte cache, nous a-t-on assuré, l'entrée d'une seconde salle plus spacieuse que la première.

Saint-Priest-le-Betoux, appelé aussi près Saint-Sornin, portait au moyen-âge le nom de *Betos*, *Betono* et *Bethorio*, puis aux xviᵉ et xviiᵉ siècles celui de *Lebetoux*.

Ainsi on trouve en 1399 « *Io. Fabri de Betos, canonicus Lemoric. Ecclesiæ* », en 1403 « *Io. de Betono archidiaconus de Benerento* », en 1431 et 1451 « *Petrus de Bethorio, alias Bethonio, canonicus Lemoric. Ecclesiæ.* »

C'était un prieuré-cure ayant pour patron saint Priest d'Auvergne

L'évêque de Limoges y faisait primitivement les nominations; ce droit passa ensuite à l'abbé de Bénévent, qui le conserva jusqu'à la Révolution.

Antoine Mazeyraud était curé de Saint-Priest-le-Betoux en 1740, il mourut en 1774. — Jean Mazeyraud qui émigra à Chambéry pendant la Révolution. — André de Cressac, 1801. — Dufénieu, 1823 1831. — Rouffignac, 1831. — Mathieu, 1839. — Bourduche, 1845. — Goguyer, 1846. — Lelong, 1849. — Valières-Vialeix, 1850. — Lelong, 1852. — Rouchon, 1858. — Labrousse, 1862. — Sottier, 1865. — Vidaillat, 1871. — Bureau, 1875. — Planchon, 1878. — Branlant, 1880. — Delavaud, 1881. — Planchon 1883.

Foucaud de Chamborant, né vers 1372, était seigneur de Saint-Priest-le-Betoux (*Nob.* I, 1re édit., p. 552), son fils Gui le fut après lui.

Les villages qui composent aujourd'hui cette commune, formée de 660 hectares et de 223 habitants, sont :

Baléna (moulin de).

La Croix-Blanche.

Pin-Bernard. — Une branche de la famille de Razès posséda longtemps ce manoir, dont elle portait le nom. Il passa en 1683 à la famille du Fénieu, par le mariage de Marthe de Razès avec Gaspard du Fénieu, seigneur de Biossae.

Pin-Grelot.

Pleinnechaud. — Jean Pothier, écuyer, était seigneur de Planechaud en 1590.

Puy-Marchoux.

Villemonne. — Lieu d'origine de la famille de ce nom dont les armes sont *d'azur à la bande accompagnée en chef de deux étoiles mixes en bandes et en pointe d'un croissant le tout d'or.*

Rancon est une petite ville qui semble avoir eu quelque importance dès l'époque romaine. Mais vouloir en faire le chef-lieu des *Andecamulenses*, peuplade gauloise dont l'existence est plus que douteuse, me semble aussi inadmissible que de faire dériver le mot Rancon d'*Andecamulum*. L'inscription suivante a donné lieu à ces deux hypothèses :

NVMINIBVS · AVG ·
FANVM PLVTONIS
ANDECAMVLEN
SES DE SVO POSVER

Il faut lire : Numinibus Aug[ustorum]; fanum Plutonis; andecamulenses de suo posuer[unt]. Aux divinités des Augustes. Temple de Pluton. Les guerriers vainqueurs ont construit [ce monument] à leurs frais.

Camulus étant le nom que les Gaulois donnaient à Mars, le dieu de la guerre, *camulenses* doit signifier les guerriers. *Ande*, en latin *Ante*, est une épithète dont le sens est « qui va en avant, vainqueur. » C'est pour cela que je traduis les *guerriers vainqueurs* et non pas les *Andecamulenses*.

On a trouvé à Nevers une inscription qui doit être rapprochée de celle-ci : ANDECAMVLOS TOVTISSICNO IEVRV. Les deux premiers mots doivent signifier *Andecamulus Toutissii filius*, puisque *enos* ou *genos* indiquent la filiation. Une autre trouvée près Douvres, conservée au musée du Louvre porte : NVM AVGVS - DEO MARTI ROMVLVS CAMVLOGENI FIL POSVIT.

De *Camulus* dérivent d'ailleurs les noms de deux villes de Bretagne : *Camulodunum* et *Camulonessa*.

Il faut encore remarquer que notre inscription a été trouvée, vers 1600, dans les ruines romaines de Puy-Martin, commune de Blanzac, et par conséquent c'est à ce lieu et non pas à Rancon qu'il faudrait placer *Andecamulum*, si son existence n'était pas une pure hypothèse.

C'est M. Bonnin de Grandmont qui fit transporter de ses domaines de Puy-Martin, à sa maison de Rancon, la pierre portant cette inscription. Il la plaça très convenablement dans un mur près du portail. On vient de démolir ce mur, et cette inscription est aujourd'hui reléguée dans une étable.

Une seconde inscription romaine existe dans le bourg de Rancon; la pierre sur laquelle elle est gravée a supporté longtemps un des piliers de la halle. Elle est aujourd'hui sur la place de l'église, où, jusqu'au commencement de ce siècle elle avait servi de piédestal à une croix. En voici le texte :

HERCVLI · DEO

TIB · IVL · IVLIAN

V · S · L · M ·

Il faut lire : *Herculi Deo. Tiberius Julius Julianus votum solvit libens merito.* Au dieu Hercule. Tiberius Julius Julianus a consacré cet autel avec reconnaissance et en accomplissement d'un vœu.

Il faut mettre au nombre des fables les divinités gauloises que Beauménil a dessinées à Rancon, et qui auraient fait partie du temple de Pluton : son crayon infidèle prête aux modillons de l'église des formes que les originaux, encore entiers, n'eurent jamais. Ici le faussaire est pris en flagrant délit.

A l'ouest du bourg de Rancon, sur une élévation isolée du plateau supérieur par des fossés, et coupée à pic du côté de l'eau, on voit, à fleur du sol, les restes d'une assez vaste construction, ou, comme on dit dans le pays, d'un château considérable. Ces débris couverts de terre et envahis par la végétation, ne nous ont montré, dans la partie que nous avons explorée, rien d'antérieur au moyen âge. Au xvii° siècle, le savant Robert fut plus heureux : il put explorer une salle circulaire soutenue par des colonnes et pavée de marqueterie. La description qu'il en donne parait s'appliquer de tous points à un édifice romain. D'autres auteurs ajoutent qu'à trois cents pas de ce lieu se trouvent les vestiges d'un camp romain. Nous ne les y reconnaissons pas; mais le village de Chastre (*castrum* forteresse, ou *castra*, camp), qui est tout auprès, lui doit probablement son nom. Plusieurs monnaies romaines ont été trouvées dans les environs.

Rancon était le chef-lieu d'une archiprêtré du diocèse de Limoges, et le plus étendu de tous. Il avait dans sa juridiction les paroisses suivantes :

Angelard.	Foulventour.
Arnac.	Fromental.
Arcs.	Jouac.
Azat-le-Ris.	Lagarde.
Balledent.	La Souterraine.
Bersac.	Lussac-les-Eglises.
Beaune.	Magnac.
La Baseuge.	Maillac.
Bessines.	Monisme.
Boneuil.	Moustier.
Bonnac.	Morterolles.
Brigueil-le-Chantre.	Noth.
Brugère.	Oradour-Saint-Genest.
Le Buis.	Paulhac.
La Bussière-Rapy.	Rancon.
Cazalibus (Les Chézeaux).	Razès.
Châteauponsac.	Rilhac-Rancon.
Chatelat.	Roussac.
Colonges.	Saint-Amand.
Compreignac.	Saint-Anian-de-Vercillat.
Cromac.	Saint-Etienne-de-Fursac.
Dinsac.	Saint-Etienne-de-Vercillat.
Dompierre.	Saint-Germain-Beaupré,
Le Dorat.	Saint-Georges-les-Landes.
Droux.	Saint-Hilaire-la-Treille.
Folles.	Saint-Léger-la-Montagne.

Saint-Léger-Bridereix.
Saint-Léger-Magnazeix.
Saint-Martin-le-Mault.
Saint-Maurice près La Souter-
 raine.
Saint-Michel-de-Laurière.
Saint-Nicolas-de-Beaulieu.
Saint-Pardoux.
Saint-Pierre-de-Châteauponsac.
Saint-Pierre-de-Fursac.
Saint-Pierre-la-Montagne.
Saint-Priest-la-Feuille.
Saint-Priest-le-Betoux.
Saint-Sornin-Leulac.

Saint-Sulpice-les-Feuilles.
Saint-Sulpice-Laurière.
Saint-Sylvestre.
Saint-Symphorien.
Tersannes.
Thollet.
Thouron.
Tillis.
Uzurat.
Vareilles.
Verneuil.
Villefavard.
Voulon.

Le premier archiprêtre de Rancon qui soit connu est *Magister Geraldus*, alias *Geraldus Bachelers*, chanoine de Limoges, 1178-1190. Plus tard le titre d'archiprêtre de Rancon fut attaché à la cure de Bessines ; mais cela n'empêcha pas les curés de Rancon de se qualifier archiprêtres. On trouve alors : Jean Perron, 1461 (Arch. Hte-Vienne. D. 847.). — De Bersac, 1649-1651. — Matteré ou Matering, 1672. — Bonnelledieu, 1694. — Mauransannes, 1701-1715. — Léonard de Lafont, 1715-1734. — Jean-Charles Barbou, 1734-1762. — Joseph-Jean Bonnin, 1765, mort en Espagne en 1795. — Pierre Daubin, 1804. — Léonard Desmousseaux, 1822. — Arreguy, 1834. — Ruinaud, 1838. — Arréguy, 1845. — Mazel, 1849. — Lefaure, 1868. — Valentin, 1875. — Montéléou, 1877. — Wambergue, 1889.

Le patron de l'église paroissiale de Rancon est saint Pierre-ès-Liens. Les nominations étaient faites par Mgr l'Evêque de Limoges. Cette église possède des reliques de saint Austriclinien, compagnon de saint Martial, de saint Irénée, martyr, et de saint Macaire, aussi martyr et compagnon de saint Maurice, ainsi que de sainte Constance et de sainte Victoire, compagnes de sainte Ursule. Toutes ces reliques sont authentiquées par Mgr du Bourg.

Il existait au siècle dernier une communauté de prêtres pour le service de cette paroisse.

Un manuscrit de la Bibliothèque nationale (n° 135, page 184) nomme l'église de Rancon vers l'an 1034, ainsi qu'une ordonnance royale de 1374.

En 1127, Rancon fut donné à la cathédrale de Limoges.

L'église actuelle est une construction assez vaste de l'époque de transition, où le style roman domine : c'est le style du sanctuaire, qui a conservé sa voûte. L'entrée principale, qui est à l'occident, a un porche, sur la droite duquel s'élève le clocher. A l'extérieur, on trouve, au-dessous de la corniche, une ceinture de modillons grimaçants. Nous fixerions volontiers l'époque de sa construction à la fin du xııe siècle.

A l'intérieur, la chapelle de Saint-Joseph est entourée d'une litre funéraire, sur laquelle sont les armes de la famille de Marans. Elles sont : *fascé et contre-fascé d'or et d'azur, au chef pallé et contre-pallé d'or et de gueules de quatre pièces, flanqué à dextre et à senestre d'azur au giron d'or, sur le tout un écusson d'or.* Cet écusson est accolé, sous une couronne de marquis, à un autre qui est : *d'argent au sautoir d'or accompagné en pointe d'un croissant de même;* nous croyons reconnaître dans ce dernier les armes de la famille Audebert. La chapelle de la Sainte-Vierge, qui est de l'autre côté de la nef, renfermait les tombeaux de la famille Vergnaud de Bostlinard, dont les armes sont : *d'argent au veryne terrassé de sinople, à la bordure denchée de gueules.* En 1527 une vicairie fut fondée dans cette église par un membre de la famille Bostlinard (*Chron. des évêq. de Lim.*). Les tombeaux de la famille de Bonnin ou Bonnin étaient dans l'ancienne sacristie, et ses armes étaient : *de sable à la croix ancrée d'argent.* Cette église a aussi abrité plusieurs sépultures des maisons de Bersac, Mosnier, Coustin et Rossignac.

L'église de Rancon possède deux cloches. On lit sur la grosse : 1828. *Sancta Maria. Sancte Petre ora pro nobis, Grati animi et famere* (?) *signum.* — Parrain M. le comte Albéric-Joseph-Charles Gédéon de Rossignac, marraine Mlle Gedéonnie Marie-Agnès-Sophie de Rossignac, fils et fille de M. le comte Gédéon de Rossignac et de feue Mme la comtesse Honorine de Coustin; petit-fils et petite-fille de M. le marquis de Rossignac, chevalier honoraire de l'ordre de Malte, ancien capitaine de cavalerie et premier page de l'arme et de Mme la marquise de Rossignac, née Guiot d'Asnière et de M. le comte de Coustin, chevalier de Saint-Louis, capitaine d'infanterie et de feue Mme la comtesse de Coustin, née de Nesmond. M. Léonard D. D. Desmousseaux, curé. Auguste Martin fondeur.

On lit sur la petite : Bénite par M. l'abbé Léonard Desmousseaux, ancien curé de Rancon. — M. Léonard-François Vincendon parrain, Mme Marie-Céline, épouse Vincendon, marraine. — M. Hippolyte Vacherie, maire, 1836. — Causard, fondeur.

C'est au xııe siècle qu'il faut attribuer le fanal funéraire, ou lanterne des morts, qui existe encore dans le cimetière. Il est de forme ronde. A sa partie supérieure, six fenêtres étroites et à plein-cintre servaient de passage à la lumière qu'on y entretenait en l'honneur des morts. Au nord une petite porte carrée fait communiquer avec l'intérieur. Le sommet, de forme conique, est terminé par une croix en quintefeuille. La base est entourée de deux marches, aussi circulaires, qui sont entaillées à l'ouest, de manière à recevoir un autel portatif. La hauteur totale de ce petit monument est d'environ six mètres.

Attenante au cimetière est une chapelle qui est dédiée à saint Sébastien, dont la fête est le 20 janvier. — Ce cimetière, trop petit, va être remplacé par un nouveau qu'on prépare actuellement (1872) au nord-est de la ville.

Quelques murailles furent construites pour protéger Rancon ; l'église elle-même, crénelée au XIV° siècle, faisait partie de la ligne de défense. Au-dessus d'une porte de cette enceinte, et tout près de l'église, on voit une pierre de 45 cent. de hauteur sur 36 cent, largeur, où cette inscription est gravée :

DVCE I DE
BERSAC
SVMPTIB. A
RIVAILHE.

Boson le Vieux, comte de la Marche, avait fait bâtir le château de Rancon vers 960. La chronologie des évêques de Limoges nous indique la construction d'un château à Rancon en 974. (*Pouillé de Nadaud*).

En 1290, les Bretons, s'étant emparés de ce château, en furent délogés par des troupes venues de Bellac, sur l'ordre de messire Pierre Mespin, gouverneur.

En 1370 ou 1371, les Anglais, qui tenaient toutes les places fortes du pays, s'emparèrent de Rançon. Ils avaient presque détruit la cité de Limoges et Compreignac ; ils firent encore ici de grands ravages, et démolirent le château.

En vertu de lettres-patentes du 11 juin 1532, on dressa, cette année, le terrier de la châtellenie de Rancon.

Cette châtellenie, liée à celles de Bellac et de Champagnac, eut de nombreuses péripéties. Nous allons cependant essayer de les indiquer.

Remontons d'abord à l'origine de la Marche, à laquelle la châtellenie de Rancon fut ensuite unie ; mais notons soigneusement qu'à cette époque reculée *les Marches* comprenaient seulement le pays situé entre le Limousin et le Poitou, c'est-à-dire ce qui a formé depuis la Basse-Marche, et non le territoire qui porte aujourd'hui le nom de Haute-Marche, et s'étend dans le département de la Creuse.

Le roi Eudes, couronné à Limoges en 887, organisa le Limousin au moyen de vicomtes, et forma la Marche limousine. Le premier des gouverneurs de ce district militaire fut Geoffroi, comte de Charroux. Son fils Sulpice lui succéda.

Boson Ier, dit le Vieux, fils de Sulpice, fut établi comte de la Marche ; il rebâtit l'église du Dorat en 944, construisit le château de Bellac en 960, et celui de Rancon vers la même époque.

Les deux fils de Boson lui succédèrent : Adalbert Ier eut la Haute-Marche, et bâtit son château au Dorat ; et Boson II, la Basse-Marche, avec Bellac pour ville principale. Ce dernier mourut sans postérité.

Bernard Ier, fils et héritier d'Adalbert, hérita aussi de son oncle Boson II, et réunit de nouveau toute la Marche limousine.

Adalbert II lui succéda en 1047.

Boson III, en 1088. — Sa sœur et son héritière, Almodis, lui succéda en 1134, après Eudes, oncle de Boson. Elle avait épousé Roger de Montgommery, et lui porta ses possessions de la Marche, qui restèrent dans cette maison avec Adalbert III et Adalbert IV. La seconde croisade, où figure Geoffroi de Rancon, eut lieu en 1148, la seconde année d'Adalbert.

La maison de Lusignan fit aussi valoir ses droits sur la Marche, et Hugues X, sire de Lusignan, époux de la comtesse Mathilde, y fut maintenu en 1180. Il sera parlé de lui plus bas.

Pendant cette période, nous trouvons à Rancon les seigneurs dont voici la généalogie :

I. — Aimeric de Rancon vivait en 995 et 1030. En 1018, il fut témoin de la donation faite par Gérald de Crozant, de la ville de La Souterraine, à l'église de Saint-Martial de Limoges. Il est encore témoin le 8 janvier 1049 dans un acte de la famille de Rochechouart. Il eut pour fils : 1° Aimeric II. qui suit ; 2° Geoffroi, dont il sera parlé après son frère ; 3° Gérald, ecclésiastique ; 4° Pierre, ecclésiastique.

II. — Aimeric II, dit le Bienheureux, eut la moitié de la seigneurie de Rancon. C'est probablement lui qui prit le parti du roi de France. En 1168, le roi d'Angleterre était en guerre avec ce dernier. « Plusieurs seigneurs endeça de la Loire, et, entre autres, Albert comte de la Marche, Geoffroi de Lusignan, Aimeric de Rancon, vassaux de Henri en sa qualité de duc d'Aquitaine, se liguèrent en faveur de Louis VII, le reconnurent pour suzerain direct, lui donnèrent même des otages pour garantie de leur foi, et s'obligèrent à prendre les armes aussitôt qu'ils seraient requis. » Il n'eut qu'une seule fille, Bourgogne de Rancon, qui épousa Hugues VII, sire de Lusignan, se disant comte de la Marche. C'est par ce mariage que la moitié de la seigneurie de Rancon passa dans la maison des comtes de la Marche.

II *bis*. — Geoffroi de Rancon eut l'autre moitié de la seigneurie de Rancon. On a une lettre du roi Richard-Cœur-de-Lion à Hubert archevêque de Cantorbéry, datée d'Angoulême le 2 juillet 1194, dans laquelle il rend compte des résultats de sa campagne, et annonce qu'il s'est emparé de toutes les places du comte d'Angoulême et des terres de Geoffroy de Rancon (*Bull. Soc. arch.* 1, 143.) Ses fils furent : 1° Gui qui suit ; 2° Geoffroi II, surnommé le Vieux, qui suit après son frère.

III. — Gui de Rancon donna à l'abbaye de Grandmont tout ce qui lui appartenait au territoire de Vaugelade, paroisse de Châteauponsac. Ses fils sont : 1° Barthélemy, qui, en 1233, donna à l'abbaye de Grandmont le Mas-des-Saignes ; 2° Guillaume, qui, l'an 1234, donna à la même abbaye le Mas-de-Couchas. En 1190, il avait pris la croix, et était parti avec d'autres seigneurs de la Marche pour la troisième croisade.

III *bis*. — Geoffroi II, surnommé le Vieux, fit partie de la seconde croisade. Il commandait l'avant-garde. C'est dans cette expédition qu'il commit une faute fatale à l'armée française. Après la victoire du passage du Méandre, en 1148, « en quittant Laodicée, ville située sur le Lycus, les croisés avaient dirigé leur marche du côté de l'orient, et s'avançaient vers la Pamphylie. L'armée française était divisée en deux corps, commandés chacun par deux nouveaux chefs, qui prenaient les ordres du roi. Chaque soir on arrêtait, dans un conseil, la route qu'on suivrait le lendemain et le lieu où l'armée irait camper pendant la nuit. Un jour qu'on devait traverser une haute montagne, l'ordre avait été donné à l'avant-garde de s'arrêter sur les hauteurs, et d'attendre le reste de l'armée pour descendre le lendemain dans la plaine, en ordre de bataille. Geoffroi de Rancon, seigneur de Taillebour, commandait ce jour-là le premier corps des Français, et portait l'oriflamme ou l'étendard royal. Il arriva de bonne heure au lieu où il devait passer la nuit. Ce lieux n'offrait pour retraite aux soldats que des bois, des ravins et des rocs sauvages. Au pieds des monts se présentait à leurs yeux une vallée étendue et commode ; la journée était belle ; les troupes pouvaient, sans fatigue, marcher encore plusieurs heures. Le comte de Maurienne, frère du roi, la reine Éléonore et toutes les dames de sa suite, qui avaient suivi l'avant-garde, pressèrent Geoffroi de Rancon de descendre dans la plaine. Il eut la faiblesse de céder à leurs instances ; mais, à peine fut-il descendu dans la vallée, que les Turcs s'emparèrent des hauteurs qu'il venait de quitter, et s'y rangèrent en bataille.

» Pendant ce temps, l'arrière-garde, où se trouvait le roi, s'avançait pleine de confiance et de sécurité. En voyant des troupes au milieu des bois et des rochers, elle les prit pour des Français, et les salua par des cris de joie. Elle marchait sans ordre, les bêtes de somme et les chariots étaient pêle-mêle avec les bataillons, et la plupart des soldats avaient laissé leurs armes parmi les bagages. Les Turcs, toujours immobiles, attendaient en silence que l'armée chrétienne soit engagée dans des défilés. Lorsqu'ils se croient sûrs de la victoire, ils s'ébranlent, en poussant des hurlements affreux, et se jettent, l'épée à la main, sur les chrétiens désarmés, qui n'ont pas le temps de se rallier. On ne peut décrire le désordre et la confusion de l'armée française. Au-dessus des croisés, dit un témoin oculaire, des rochers escarpés s'élevaient jusqu'aux cieux; au-dessous, des précipices s'enfonçaient jusqu'aux enfers. Les menaces des Turcs, les cris des blessés et des mourants se mêlaient aux sifflements des flèches, aux hennissements des chevaux épouvantés, au bruit confus des torrents, au fracas des pierres détachées du sommet de la montagne, et roulant dans les vallées. Dans cet effroyable tumulte, les chefs ne donnaient aucun ordre; les soldats ne pouvaient plus ni fuir ni combattre. Cependant les plus braves se rallient autour du roi, et s'avancent vers le haut de la montagne. Trente des principaux seigneurs qui accompagnaient Louis périssent à ses côtés, en vendant chèrement leur vie. Ce prince resta presque seul sur le champ de bataille, et se réfugia au pied d'un rocher, d'où il brava l'attaque des infidèles qui le poursuivaient. Adossé contre un arbre, il résista lui seul aux efforts de plusieurs Sarrasins, qui, le prenant pour un soldat, s'éloignèrent de lui pour courir au pillage. Si on en croit une vieille chronique, le roi de France, aux prises avec un si grand péril, eut la douleur d'entendre à ses côtés quelques-uns de ses barons qui ne le connaissaient point, et qui parlant entre eux, lui reprochaient avec amertume le désastre de cette journée. Cependant la nuit était arrivée, et les Musulmans, craignant d'être attaqués et surpris à leur tour par les croisés qui n'avaient pas encore combattu, abandonnèrent le théâtre de leur victoire. Ce fut alors que Louis, quittant son asile, monta sur un cheval abandonné, et regagna son avant-garde qui pleurait sa mort.

» Les Français, qui formaient l'avant-garde de l'armée, en déplorant la mort de leurs frères, élevèrent leurs voix contre Geoffroi de Rançon, et demandèrent tous ensemble que tant de sang versé retombât sur lui. Le roi n'eut point assez de fermeté pour punir

— 34 —

une faute irréparable, et ne se rendit au vœu des barons et des soldats qu'en leur donnant pour chef un vieux guerrier, nommé Gilbert. dont toute l'armée vantait l'habileté et la bravoure (1). »

Les enfants de Geoffroi de Rancon furent : 1° Geoffroi de Rancon, dit le Jeune. qui suit : 2° Berthe de Rancon, qui épousa Guillaume de Maëngo IVᵉ du nom *alias* Maingot IIIᵉ du nom), sire de Surgères et de Dompierre. Berthe de Rancon céda ses droits sur la seconde moitié de la seigneurie de Rancon au comte de la Marche, Hugues Xᵉ. qui, de cette manière, posséda cette seigneurie en entier.

IV. — Geoffroi III de Rancon dit le Jeune vivait vers l'an 1248. Il avait reçu du comte de la Marche (Hugues X) une injure éclatante. et « avait juré de ne point se faire couper les cheveux comme les chevaliers, jusqu'à ce qu'il eût été vengé du comte, soit par lui-même, soit par tout autre. et que jusque-là il porterait *grève*, c'est-à-dire qu'il aurait les cheveux longs et partagés sur le haut de la tête. Quand il vit le comte de la Marche. sa femme, ses enfants. demander miséricorde aux pieds du roi (saint Louis, contre lequel il s'était révolté), il fit ôter sa *grève*, et couper ses cheveux. en présence du roi et de la cour. »

Il mourut sans enfants.

Nous compléterons ces détails généalogiques, puisés dans l'*Histoire de la Marche* par Joullietton. au moyen de quelques notes que nous fournissent différents auteurs.

Amelin de Rancon vivait entre 1124 et 1139. (*Nobiliaire du Limousin.*)

Geoffroi de Rancon eut pour fils Antoine de Rancon, qui était abbé du Dorat en 1185. (LEGROS, *Liste des abbés du Dorat.*)

Gui de Rancon, noble seigneur, vivait en 1222. Un Gui de Rancon. est pris pour arbitre en 1285 pour le différend survenu touchant la succession de Simon de Rochechouart, archevêque de Bordeaux.

Un Gui de Rancon, seigneur des Cros, donna au prieuré d'Aureil, six deniers de rente. sur le jardin de La Cheise. pour le repos de son âme, par son testament de 1360. (Cartulaire d'Aureil. Arch. de la Hte-Vienne. D. 828.)

Guillaume de Rancon, seigneur de Taillebourg, chevalier.

Barthélemy ou Guillaume de Rancon, écuyer, vivait en 1228 et 1234.

Barthélemy de Rancon, écuyer ou chevalier d'Ambazac, vivait, ainsi que sa femme, en 1233. (*Nobiliaire du Limousin.*)

(1) MICHAUD, *Histoire des Croisades*, t. II, p. 198, 201.

Pierre de Rancon était sous chantre de la cathédrale de Limoges en 1294.

Geoffroi de Rancon épousa Isabelle de Lusignan, fille de Hugues, X° du nom, comte de la Marche et d'Angoulême, et d'Isabelle Taillefer. Elle épousa en secondes noces Maurice IV de Craon. (*Statistique de la Charente*, p. 78.)

Commotus de Ranconno vivait entre 1356 et 1485.

Jordain de Ranconno fondait une vicairie à Saint-Vaulry en 1402. (NADAUD, *Pouillé manuscrit*.)

François de Rancon, seigneur des Forges, assistait, en 1590, au contrat de mariage de François de Bosredon, écuyer, seigneur du Barry en Périgord, et de Henriette de Pellegrue. (A. TARDIEU, *Hist. généal. de la maison de Bosredon.*)

Aux salles des croisades du palais de Versailles, on ne connait pas les couleurs des armes des sieurs de Rancon : on sait seulement que, *sur sur un champ semé de losanges*, ils portaient *un pal brochant sur le tout*. Nous avons conseillé, en 1869, de reproduire ainsi leurs armoiries : *d'or semé de losanges d'azur, au pal de gueules brochant sur le tout.* C'est ce qui a été fait pour la bannière de l'Orphéon de Rancon.

Hugues X de Lusignan, dont nous avons parlé plus haut, par son testament de 1242, donna à Gui (*alios* Guillaume), son quatrième fils, les châtellenies de Bellac, Rancon et Champagnac. Quant à la Marche, elle passa à Hugues XI° du nom, puis à Hugues XII, enfin à Hugues XIII. A la mort de ce dernier, en 1303, elle fut confisquée par Philippe le Bel.

Gui de Valence, fils de Hugues X, seigneur de Bellac, Rancon et Champagnac, devint, en Angleterre, comte de Pembroke.

Aymar de Valence, fils du précédent, comte de Pembroke, était seigneur de Bellac, Rancon et Champagnac en 1299. Il mourut sans enfants. Il avait épousé : 1° Béatrix, dite Jeanne de Clermont ; 2° Marie de Châtillon ou de Saint-Paul.

Marie de Châtillon, comtesse de Pembroke, était encore dame de Bellac, Rancon et Champagnac en 1360. Ses terres furent confisquées, parce qu'elle demeurait en Angleterre, avec les ennemis de la France.

Le 15 janvier 1372, Louis II, duc de Bourbon, reçut du roi les terres et seigneuries de Bellac, Rancon et Champagnac. Il les vendit au suivant.

Bureau de La Rivière fut seigneur de Bellac, Rancon et Champagnac.

Jean de France, duc de Berry, s'en empara, et les céda au suivant.

Jean de Bourbon, comte de la Marche, en faisait hommage à l'abbesse de la Règle en 1386.

Jacques de Bourbon, fils ainé du précédent, eut les comtés de la Marche et de Castres, avec Bellac, Rancon et Champagnac. Il fut ensuite roi de Hongrie et de Naples.

Louis de Bavière, gendre de Jean de Bourbon, comte de la Marche, prétendit, au nom de son fils, à la possession de ces châtellenies, en 1409.

Bernard d'Armagnac, comte de la Marche, gendre de Jacques de Bourbon, les possédait en 1470 et les transmit à son fils.

Jacques d'Armagnac, duc de Nemours, entre les mains duquel elles furent confisquées en 1477.

Louis XI les donna ensuite à sa fille, Anne, comtesse de la Marche, et elles continuèrent à faire partie de la Marche jusqu'en 1492.

En 1492, Bellac, Rancon et Champagnac furent cédés, avec la vicomté de Chatellerault, à François de Bourbon, fils de Gilbert de Bourbon-Montpensier, et suivirent le sort du duché de Chatellerault.

Ces châtellenies furent possédées avec ce duché d'abord par Louise de Savoie, jusqu'à sa mort, arrivée en 1531; puis par Charles d'Orléans, son petit-fils, qui mourut sans enfants en 1545. Alors ces châtellenies revinrent à la couronne.

Henri II rétablit le duché de Châtellerault, le 5 février 1548, en faveur d'Hamilton III, comte d'Aran; mais il devint encore domaine royal lorsque ce dernier s'enfuit en Angleterre, après la conspiration d'Amboise.

Charles IX, en 1563, donna ce duché à sa sœur; mais il en démembra les châtellenies de Bellac, Rancon et Champagnac, qu'il réunit au comté de la Marche, et qui depuis ce temps n'en ont plus été distraites.

Par arrêt du conseil d'Etat tenu à Compiègne le 27 juillet 1767, le roi ordonna qu'il soit passé au profit de Jean-Claude Bonnin de Nouit, conseiller du roi et châtelain royal de Rancon, contrat de vente du domaine de la châtellenie de Rancon, avec justice haute, moyenne et basse, rentes en nature et en argent, etc. Cette vente fut faite le 5 septembre 1767. La famille de Bonnin s'est maintenue à Rancon jusqu'au moment de la Révolution.

Les trois châtellenies de Bellac, Rancon et Champagnac relevaient de l'abbesse de Notre-Dame de la Règle de Limoges. Cette circonstance les fit comprendre dans le traité de Brétigny de l'an 1360, en vertu duquel le Limousin fut cédé au roi d'Angleterre. Ces châtellenies, ainsi séparées de l'ancien comté et domaine de la Basse-Marche, faisaient une petite sénéchaussée particulière qui se régissait par le droit écrit, et qui fut placée dans le ressort du parlement de Bordeaux. Elles avaient dans leur ressort trente-une paroisses ; savoir : celle de Bellac, quatorze ; celle de Rancon, sept, et celle de Champagnac, dix.

Parmi les châtellenies royales, celle de Rancon est citée en 1374.

Quelques villages de la paroisse de Rancon étaient régis, au siècle dernier, par la coutume du Poitou, et relevaient du présidial du Dorat. Le reste relevait de Bellac.

C'est à Rancon qu'est né, le 4 août 1771, le baron François-Israël Mosnier, fils de Laurent Mosnier, procureur et notaire, et de Catherine de Roumilhac. Il fut d'abord volontaire au 2e bataillon de la Haute-Vienne, et devint colonel du 12e régiment de tirailleurs-gendarmes de la garde impériale. Il est mort en 1847, officier de la Légion d'Honneur et chevalier de Saint-Louis.

Aujourd'hui la commune de Rancon, formée de 3.336 hectares, compte 1,907 habitants, et se compose des villages suivants :

Ardent. — En 1665 une branche de la famille du Clou portait le nom de sieur d'Ardent. En 1740, Joseph du Clou était sieur d'Ardent. Les armes de cette famille sont : *d'azur au chevron d'or, surmonté d'un croissant et accompagné de trois clous, deux en chef et un en pointe, d'argent.*

Ardent (moulin d'), sur la Gartempe.

Azard (moulin d'), *alias* de Laplaud, sur la Gartempe.

Bagros.

La Bastide. — Joseph de Marans, écuyer, sieur de la Bastide, était juge chatelain royal de Rancon en 1696 (*Nobil.*, IV., 310.). La famille Bonnin avait la seigneurie de La Bastide au siècle dernier.

Beaudronse.

Bellevue.

Bellevue (moulin de), sur la Gartempe.

Bersac. — Les seigneurs de ce nom avaient leur sépulture dans l'église de Rancon.

Bersac (moulin de), sur la Gartempe.

Boislinard, ou Bolinard, anciennement Bostlinard, ou Boslinard, en latin de *Bosco linart*. — Le manoir de ce nom est une construction carrée, flanquée de quatre tourelles. Du lieu qu'il occupe la vue s'étend au loin sur les cantons du Dorat et de Magnac, etc. Les seigneurs de ce nom avaient leur sépulture dans l'église de Rancon. Lors de la vérification de la noblesse par d'Aguesseau, la famille qui possédait ce manoir fit ses preuves sous le nom de Boslinard. Elle remonte à Joachim de Boslinard, capitaine du Dorat et de Rancon en 1541. Le nom primitif de cette famille est Vernaud ou Vergnaud. Elle était originaire de Rancon, où vivait en 1306 un Pierre Vergnaud. Elle a emprunté le nom de Boslinard au fief qui a été sa propriété depuis le commencement du xve siècle jusqu'au xixe. Sa postérité s'est divisée en un grand nombre de branches. Celle de Boslinard, restée fidèle à son berceau jusqu'à son extinction, avait pour armes : *d'argent à un rergne terrassé de sinople, à la bordure denchée de gueules.*

Boslinard (moulin de), sur la Semme. — Un hardi viaduc, formé d'une seule arche, a été jeté sur la Semme en cet endroit pour le passage du chemin de fer.

Les Bonnages.

Bucheuil.

Chardent.

Chasseneuil était un prieuré ou une préceptorerie, dont les patrons étaient saint Cosme et saint Damien. Les Augustins de Montmorillon y nommaient les titulaires. Jean Coustin en était prieur en 1665. La moitié de la chapelle qui existe encore a été transformée en habitation.

Chatres.

Le Cluseau. — Une charte de 1439, conservée à la Bibliothèque nationale, fait mention du village du Cluzeau en ces termes : *Quamdam terram sitam in territorio de Ranconno, inter planchiam de Buderzan et terram et pasturagium nuncupatum den Cluzeau.*

La Courcelle.

Le Courtieux.

Les Egaux.

Germanes.

La Clôtre.

Maison du garde, au milieu de la forêt de Rancon. — Cette forêt a environ 436 hectares d'étendue. Pendant les guerres de religion, Pierre Boyol, sieur de Montcocu, paroisse d'Ambazac, faisait la guerre aux moines de Grandmont, et avait même fait tuer un religieux, frère du sieur de Lessard. Ce dernier, pour venger son frère, vint attaquer son meurtrier, passant à la tête de ses soldats, dans la forêt de Rancon, près de son habitation. Dans la lutte acharnée qui eut lieu, le sieur de Montcocu et son gendre, le sieur de Barmontet, perdirent la vie le 5 mai 1591.

La Maison-Neuve.

Merigot.

Monsac.

Le Montrue. — Manoir ancien, près duquel on a construit (1868) un château moderne, dans une belle position, sur les coteaux de la rive droite de la Gartempe. En 1562 Jean Trippier, chevalier de l'ordre du roi était sieur du Montruc, et Gabriel de Marans en 1593. Le fils de ce dernier, autre Gabriel de Marans, fut le 41° abbé du Dorat; il devint aumônier du roi Henri IV, prieur de Margène, conseiller d'État et trésorier de la Sainte-Chapelle à Paris. Le 42° abbé du Dorat fut René de Marans.

Le Moulau.

Rancon (moulin de) sur la Gartempe.

Roche.

Roche (moulin de), sur la Gartempe.

Roumilhac (le Haut-).

Saint-Sulpice. — La chapelle de Saint-Sulpice, située vers la partie supérieure d'un pittoresque vallon, sur la rive gauche de la Gartempe, est un lieu de pèlerinage très fréquenté. La fête principale est le dernier dimanche du mois d'août. Le monument n'a par lui-même aucun caractère d'architecture.

Tuilerie.

Villard.

Villenne.

Villevit.

Un lieu qui nous est inconnu portait le nom d'Hermitage-en-Rancon. C'est peut-être celui de Vaubourdolle à Châteauponsac.

Saint-Sornin-Leulac, appelé aussi près Magnac, dans l'ancien archiprêtré de Rancon, était une cure de 980 habitants, qui avait pour patron saint Saturnin de Toulouse. L'évêque de Limoges y nommait le titulaire, au moins depuis 1531. Il y existait une communauté de prêtres en 1564.

Antoine Chastenet était curé de Saint-Sornin en 1738. — De la Valette, 1778. — André de Cressac, 1804. — Duténien, 1823-1831. — Rouffignac, 1831. — Mathieu, 1839. — Doussinaud, 1846. — Planchon, 1887.

Cette commune, qui a 2,567 hectares d'étendue, compte aujourd'hui 1,275 habitants. Les villages qui la composent sont :

Chez-Bonnet.

La Bussière.

Busserolles.

Les Champs.

Chantegrelles.

Champ-au-Reix.

Les Chassagnes, ancien fief de la famille Chauld. — En 1883 et 1884, M. le baron Morel de Fromental a trouvé dans sa propriété des Chassagnes plusieurs sépultures gallo-romaines. La plupart

étaient de simples urnes en terre, recouvertes d'une tuile romaine
Deux seulement étaient dans des urnes en pierre.

Croizet.
Le Courtioux.
Les Fougères (en partie).
Les Houillères.
Lavaud.
Lavaud (moulin de), sur la Bramme.
La Zaphix.
Le Monteil.
Montulat.
Rapiettes (moulin des), sur la Bramme.
Le Puy-Besson.
Le Puy-Chaumet.
Vaupoutour.
La Vergne.
Villemacheix.

Limoges, imp. Vᵉ H. Ducourtieux, 7, rue des Arènes.